Ich weiß
wofür ich lebe

18 farbige Fotokarten
mit Worten von Edith Stein

KUNSTVERLAG D-56653 MARIA LAACH

1. Auflage: Juni 1998
2. Auflage: März 2000

© 1998 KUNSTVERLAG MARIA LAACH
D-56653 MARIA LAACH
ISBN 3-930990-57-1

Edith Stein, die geborene Jüdin, Konvertitin zum Katholizismus und Ordensfrau, wurde Opfer der nationalsozialistischen Shoah, der totalen Vernichtungskampagne des Dritten Reiches.

Sie hat bewußt ihr Leben hingegeben für ihr Volk und sich geopfert zur Ehre Gottes.

Darum sind ihre Worte, Erfahrungen ihres Lebens und ihres religiösen Strebens und Werdens, eindrucksvolle Zeugnisse des Glaubens. Sie haben Gültigkeit auch für die Welt unserer Tage.

Der Glaube an Gottes Liebe durch alle Dunkelheit hindurch war ein Kennzeichen dieser großen, hochgebildeten Frau. Ihre Heiligsprechung in Rom hebt die Erinnerung an ihr Lebenszeugnis nun in das Bewußtsein des suchenden Menschen unserer Gegenwart.

DC

Foto: Marianne Müller-Manthey · KUNSTVERLAG D-56653 MARIA LAACH Nr. 6428

Foto: Steve Terril · KUNSTVERLAG D-56653 MARIA LAACH Nr. 6429

Foto: Oswald Kettenberger · KUNSTVERLAG D-56653 MARIA LAACH Nr. 6430

Foto: Peter Santor · KUNSTVERLAG D-56653 MARIA LAACH Nr. 6431

Foto: Manfred Ruckszio · KUNSTVERLAG D-56653 MARIA LAACH Nr. 6432

Gott legt uns keine Prüfung auf
ohne uns zugleich die Kraft zu geben
sie zu ertragen   Edith Stein

Foto: Peter Santor · KUNSTVERLAG D-56653 MARIA LAACH Nr. 6433

Je höher der Wanderer steigt,
um so mehr weitet sich der Blick
bis zum Gipfel
der ganze Rundblick frei wird... Edith Stein

Foto: Ursula Cremer · KUNSTVERLAG D-56653 MARIA LAACH Nr. 6434

Das innerste Wesen der Liebe
ist Hingabe

Edith Stein

Foto: B. zur Bonsen · KUNSTVERLAG D-56653 MARIA LAACH Nr. 6435

Foto: Steve Terril · KUNSTVERLAG D-56653 MARIA LAACH Nr. 6436

Liebe ist Leben
in der höchsten Vollendung.
Für alles was endlich ist
ist die ewige Liebe
verzehrendes Feuer

Edith Stein

Foto: Peter Santor · KUNSTVERLAG D-56653 MARIA LAACH Nr. 6437

Foto: Oswald Kettenberger · KUNSTVERLAG D-56653 MARIA LAACH Nr. 6438

Foto: Steve Terril · KUNSTVERLAG D-56653 MARIA LAACH Nr. 6439

Foto: Oswald Kettenberger · KUNSTVERLAG D-56653 MARIA LAACH Nr. 6440

Foto: Oswald Kettenberger · KUNSTVERLAG D-56653 MARIA LAACH Nr. 6441

Foto: Oswald Kettenberger · KUNSTVERLAG D-56653 MARIA LAACH Nr. 6442

Foto: Oswald Kettenberger · KUNSTVERLAG D-56653 MARIA LAACH Nr. 6443

Foto: Neumayer · KUNSTVERLAG D-56653 MARIA LAACH Nr. 6444

Foto: Marianne Müller-Manthey · KUNSTVERLAG D-56653 MARIA LAACH Nr. 6445